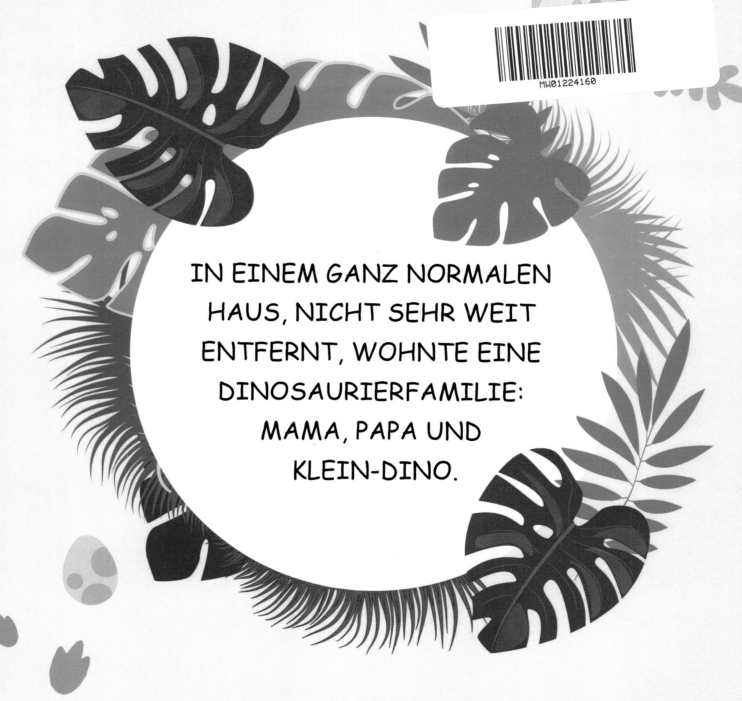

IN EINEM GANZ NORMALEN
HAUS, NICHT SEHR WEIT
ENTFERNT, WOHNTE EINE
DINOSAURIERFAMILIE:
MAMA, PAPA UND
KLEIN-DINO.

EINES TAGES HABEN
MAMA UND PAPA
FÜR DINO EIN
TÖPFCHEN GEKAUFT.

*Tipp für die Eltern: Erklären Sie ihrem Kind, warum man Zuhause
ein Töpfchen braucht.

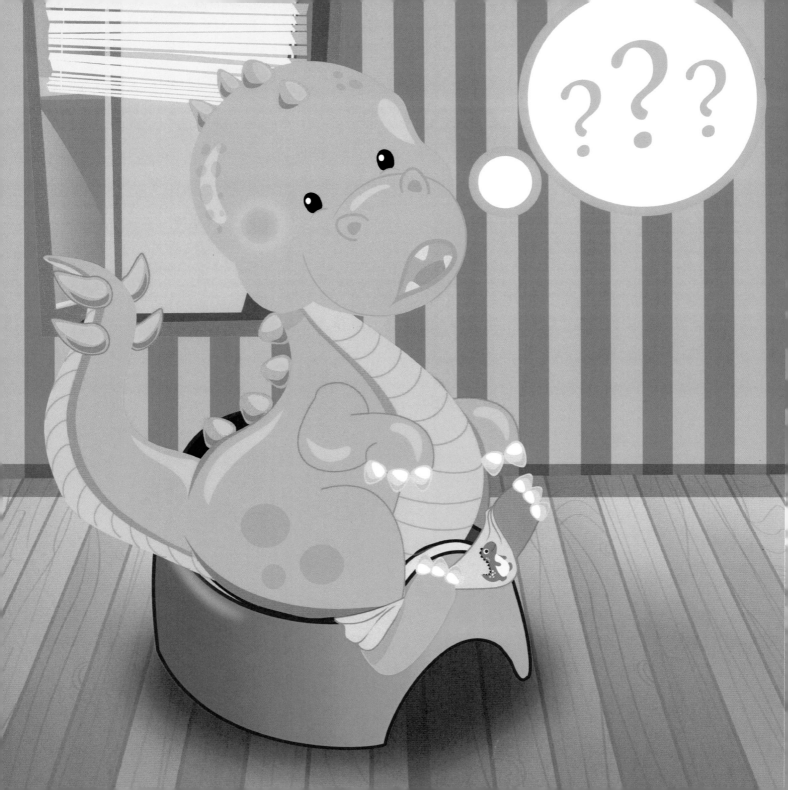

SIE HABEN DINO GESAGT, DASS ER SICH EINMAL AUF DAS TÖPFCHEN SETZEN SOLL. ALSO HAT ER SICH DARAUF GESETZT.

They told dino that he should sit on the potty once. So he sat down on it

*Tipp für die Eltern: Wir denken, der beste Zeitpunkt um ihr Kind auf den Töpfchen zu setzen ist, wenn es 16-18 Monate alt ist. Wichtig ist, dass man flexibel bleibt.

ABER DINO HAT GAR
NICHT VERSTANDEN,
WAS ER MIT DEM TÖPFCHEN
MACHEN SOLLTE.

DINO WAR TRAURIG,
WEIL ER IN SEINE
HOSE GEMACHT HAT.

MAMA DINOSAURIER
TRÖSTETE DINO.
„WENN DU PIPI ODER AA
MACHEN MUSST",
ERKLÄRTE SIE, „MUSST DU NUR
DEINE HOSE RUNTERZIEHEN
UND DICH AUF DAS
TÖPFCHEN
SETZEN."

*Tipp für die Eltern: Schimpfen Sie nicht mit ihrem Kind, wenn es nicht gleich funktioniert. Erklären Sie einfach, was es beim nächsten Mal machen sollte.

DINO GING SPIELEN.

PLÖTZLICH SAß ER
IN EINER PFÜTZE.
ER HATTE IN SEINE
HOSE GEMACHT.

DINO WAR TRAURIG,
WEIL SEINE HOSE
NASS WAR.

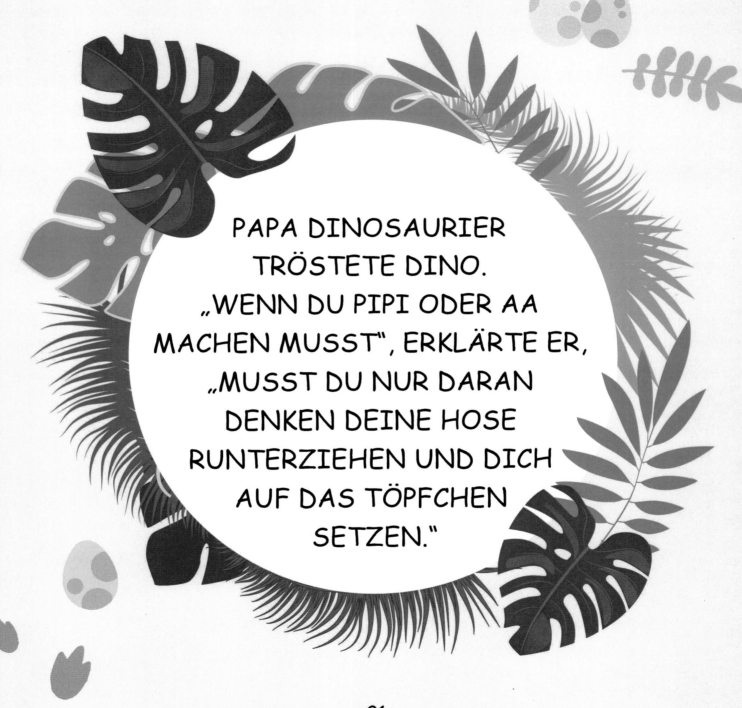

PAPA DINOSAURIER
TRÖSTETE DINO.
„WENN DU PIPI ODER AA
MACHEN MUSST", ERKLÄRTE ER,
„MUSST DU NUR DARAN
DENKEN DEINE HOSE
RUNTERZIEHEN UND DICH
AUF DAS TÖPFCHEN
SETZEN."

DINO SAH FERN.
PLÖTZLICH MUSSTE ER AA.

DAS TÖPFCHEN STAND
GANZ IN DER NÄHE.
ALSO GING DINO ZUM
TÖPFCHEN UND SETZTE
SICH DARAUF, GENAU SO,
WIE MAMA UND PAPA
DINOSAURIER ES IHM
GEZEIGT HATTEN.

Tipp für die Eltern: Haben Sie das Töpfchen immer in der Nähe.

DIESE MAL WAR DINO
SEHR FROH.
SEINE HOSE WAR SAUBER
UND TROCKEN UND SEIN
AA WAR IM TÖPFCHEN.

*Tipp für die Eltern: Wenn Sie einen Jungen haben, warten Sie bis er unterscheiden kann, ob er groß oder klein muss, ehe Sie ihm beibringen im Stehen zu pinkeln.

Besuchen Sie
ezramonson.com/gift
und erhalten Sie kostenlos Bilder
zum Ausmalen